The Dim Forest
희미한 숲

The Dim Forest
희미한 숲

이철건 시집

차 례

시인의 말 …… 7

1부 …… 9

1박 | 가을 스냅 | 가을 엽서 | 가을비 내린 날 | 강가의 집 | 거의 울음에 가까운 | 겨울 소네트 | 겨울 실내악 | 겨울 연가 | 겨울을 나는 벗에게 | 고난에 대하여 | 고장 난 지퍼

2부 …… 25

그 가을은 특별했다 | 그 겨울의 일기 | 그때, 강가에서 | 그 바닷가 소녀 | 그 시월의 비가 | 그 여름의 비밀 | 그 장미로부터의 연상 | 그믐 | 그믐과 초승 | 그에게로 가는 길 | 꽃비를 맞으며 | 꿀을 보낸 벗에게 | 난초 | 낮은 울음소리

3부 …… 47

내 마음의 수채화 | 내 마음의 아프리카 | 내 마음의 하늘 | 다시 시작하는 방랑 | 단조의 겨울 | 달 이운 후 | 닻을 내리다 | 라벤더 가든 | 마법의 피아노 | 맑은 것은 눈물 같다지만 | 머나먼 너의 집 | 못 | 문병 | 바람이 아니라면

4부 …… 69

밤비 | 버려진 기타 | 보내며 | 변방에서 | 봄비 내린 후 | 비 오는 날 | 비 | 비가 | 삼학도 | 소라껍질 | 소라껍질의 집 | 수선화 | 스케치 | 시월에

5부 …… 89

안개의 정의 | 안행雁行 | 암염 층의 기억 | 역정歷程의 노래 | 연평도 | 영산홍 | 우물 | 우울한 편지 | 위험한 여름 | 이호 비치에서 | 일 년 후 | 잊지 못할 저녁 | 자목련 | 저녁 강가에서 | 저녁 무렵의 편지

6부 …… 115

지구본 | 집 2 | 철새도래지에서 | 촛불의 추억 | 침몰 | 풀씨의 꿈 | 풍등 | 핀 | 하노이에서 | 해가 질 무렵 | 해미읍성 회화나무 | 호박순 치기 | 홀로 남은 정류장 | 회양목 | 희미한 숲

7부 시평 …… 135

자녀들의 말 …… 174

시인의 말

이 시집을
내게 글 쓰는 달란트를 주신
그분에게 바칩니다.

1부

1박

내 마음에 는개가 내린다
회한의 칼로 새긴 목판의 상처가 희미해진다
그토록 진하던 내가 희미해진다
소리 없이 지울 수 있는 것 죄 지우는 슬픔
의 끝에 그대가 마련을 해 둔 집
젖은 창가에서 차를 마시며
세상의 부질 없는 것들을 내려놓는다
편안하고 따뜻한 하룻밤은
내 마음의 구름 다 풀어지게 할 것이다
아침엔 간단하고 가벼운 배낭을 메고
새 이정표를 찾아 나설 것이다
그 길은 그대가 걸어갔던 길이고
강 건너오는 그대를 만나러 가는 길이다

가을 스냅

말간 하늘 한 자락이 물들어간다

작고 동그란 햇살을 줍던 아낙네들의
저녁기도로

귓가에 찰랑거리는 차가운 물소리
떼지어 돌아오는 기러기

고적한 마음 위로
이런저런 생각의 잠자리들 날아다닌다

루드베키아는
유월의 잊지 못할 사랑에 눈물짓고

코스모스는
에덴동산을 그리워한다

가을 엽서

강물 위에 반짝이는 정갈한 가을볕이
다소는 쓸쓸함이 깃들어 있는 그 볕이
열정과 폭우의 시간을 정리하고 있다

삶은 너무 치열하게 집착하면
회한만 또렷해지는가

차분한 감성의 손이
마음의 우듬지를 가위질한다
맑은 물소리가
비듬 같은 기억을 씻어낸다

이 단아한 계절에
과일 상자와도 같은 시집을
초승달 모양의 위를 가진 친구에게 보낸다

바람 끝이 차가워지고
풀벌레 소리 그치면
다 내려놓고
포도주에 젖어 이 가을을 떠날 것이다

가을비 내린 날

저녁에 내린 비가 발목을 시리게 했다

젖은 길 어딘가에 두고 온 갈잎 같은 마음이
기침 소리를 낸다

더운 차를 마시며
우산에 배인 슬픔을 말리고 있다

강가의 집

정리할 것 다 정리한 후
깃든, 작은 차고가 있는 통나무집

낮은 의자에 앉아 성서를 읽는다
남아 있는 슬픔을 지우며

베어버린 길들이 노을빛으로 물든다

곶감 걸이의 깎은 감들이
적요의 깊이로 익어간다

나룻배 한 척
서 있는 듯 강을 건너고

강 건너 서울로 가는 기차
산모퉁이를 돌아 멀어져 간다

거의 울음에 가까운

시간의 관절이 마모되고 있다
직립의 키가 낮아지고 있다
아내는 야윈 손으로
생활의 기장을 줄이고 있다
자정 넘어 아무도 모르게
집채가 내려앉는 소리를 듣는다
아주 천천히
납부고지서의 힘겨운 무게로
침몰하는 식탁
침몰하는 가구
침몰하는 길들인 이름들
날이 갈수록 더욱 짓눌리는 무릎에
슬픔이 고이고
찬바람이 스며든다
시린 달빛이 두보의 시가 되어
창문을 적신다

겨울 소네트

작약꽃의 저녁 강이
산그늘 속으로 저물어 갈 때
넌 기도원 별관으로 날 데리고 갔다
넌 내 마음을 읽어나갔고
내 시린 결핍의 고통을 마음 아파했다
생을 리셋하고 싶다는 내 말에
말간 우물 같은 네 눈이 젖었다
네 안의 어머니
내의처럼 따뜻했다
아침에 커피잔을 들고 우리는
창가에 투명하게 마주 앉았다
창 너머로 산등성이가 말갈기 같았다
하얀 자작나무 숲이
더는 슬퍼 보이지 않았다

겨울 실내악

칼바람 불고
나무들 지하로 내려가 긴 잠을 잔다

거실의 곶감 냄새가 푸근한 겨울은
내성의 시간인가

성에 낀 베란다 창의 커튼을 내리고
무청 같은 책을 읽는다
시래기 된장국에 속이 풀리듯
마음의 한기 따뜻해진다

추억 어린 멜로디를 들으며
측은함으로 아내를 생각한다
늘 시린 근심이 아니라
기대어 쉴 어깨가 되고 싶다

망울진 아픔이 기도 속에서
꽃눈을 틔우고 있다

겨울 연가

너를 홍매화 나무라고 하자

너의 보이지 않는 병풍이 되고 싶었고
눈물을 닦아주는 손수건이 되고 싶었다

겨울이 깊어갈수록
너는 내게로 더욱 기대어 오고

어제는 생각지도 않게 너에게서
망울진 어스름을 보았다

겨울을 나는 벗에게

바람 끝이 차다

너의 시린 눈물이 자꾸
나의 그리움을 적신다

너에게 난방온도의 편지를 보낸다
마음의 갈피에 끼워두렴

문득 마천루 같은 꿈이 무너지던 날
쓰러져 울던 내가 보인다

망치 소리 들리는 춥고 어두운 시간 속에서
홀로 참회하며 지내기도 했지

시련을 끝내고 나의 시선이 머무는 곳에
히브리어 문양의 배낭 하나 놓여 있었다

이제는 우주의 멜로디와 소통하는 내면이
거울처럼 빛나곤 한다

너도 선택받기 위한 겨울을
견디고 있는 것 같아

기다리고 있을게

고난에 대하여

 고난의 비바람은 회피하지 않는 내 마음을 멍들게 하지만 그분을 붙잡고 울음을 삼키며 견디다 보면 내 마음에 아름다운 꽃 몇 송이 피어나곤 했다

 그런 시련의 과정을 반복하는 동안 그분은 아무도 모르게 내 마음에 엉기성기 바람의 길이 나 있는 돌담을 쌓아주기도 했다

 그리고 언제부턴가 그분은 고난의 비바람이 내 마음에 아름다운 꽃을 피우려는 신호라는 확신을 주었다

 또 언제부턴가 그분은 내 마음의 꽃밭이 바로 그분의 나라라는 깨달음도 주었다

고장 난 지퍼

가지도 오지도 못하는 길에
기차 하나 서 있다

노을 젖은 강이 애달프다

2부

그 겨울의 일기

나의 나라와 너의 나라는 밀접하다
그러나 20퍼센트는 아직도 낯설다

나의 나라와 너의 나라의 그 경계에
눈이 내리기도 하고
따뜻했던 말들이
사라지기도 한다

그래도 나의 너에 대한 연민은
여전히 깊다
성에 낀 유리창에 나는 손가락으로
'봄'이라고 쓴다

너의 나라가 조금이라도 밝아진다면
나는 기꺼이 어두워질 수 있다

나의 나라는
긴 잠을 잘 것이다

저녁이 되어도 불이 켜지지 않는
나의 나라의 집

시간의 새순이 돋아날 때까지

그때, 강가에서

1
캐나다식 통나무집 창가에
호올로 앉아
정리되지 못한 기도 드린 뒤
차 한 잔 마시며
크리스마스이브의 일몰을 바라보았지
시간의 앙금을
어둠 속에 곱게 가라앉히고 있는
저녁 강의 울음 삭이면서
쓸쓸한 회한처럼
자정 넘어
야간열차의 기적이 울고

2
왜
새벽 강은 또
캐럴 같은 설렘으로 깨어나고

죄의 어둠 벗겨져 가는
하늘 맞닿은 산등성이에
그분의 얼굴
떠올랐지
햇살 어린 백목련 나뭇가지에
남은 겨울을 나던
솜털 싸인 꿈

그 바닷가 소녀

설렘으로 가득 찬
서울 길

그러나 일터는
꿈꾸던 곳이 아니었다

갓 피어난 몸이
아무도 모르게 시들어갔다

뒤집어 입을 수도 없는
단 하나의 몸이

초라한 무덤 위에
싸락눈 내리고

울분을 짓씹으며 아비는
먼 길을 나섰다

눈물로 켠 등은
어둠을 걷어내고

억울함이 풀리던 날

가여운 반도체 소녀
해당화로 피었다

그 시월의 비가

재앙은 봄부터 만들어지고 있었다

할로윈 데이 축제에 꽃사슴들이
수학여행 때의 그 설렘으로
이태원 지하철역 근처의 좁은 골목길로 모여들었다

여덟 해나 훌쩍 자라서

어떤 구조요청에도 응하지 않은
한심하고 믿을 수 없는 나라여
출구가 막힌 골목길은 파도에 휩싸인 선박 같았다

가면과 신발이 뒤범벅된 채로
비탈진 골목길은 밀리고 쓰러지고 짓밟히면서
침몰해갔다

그날 밤의 사고는

꽃사슴들의 잘못으로 빚어진 것이 아니었다

간밤에 일어난 어처구니없는 비보에
누군가는 몸부림치며 울었다

모두가 안타까움에 울컥했다
여덟 해 전처럼

애도의 기간이 끝난 후에도
반복된 하늘의 징계라고 생각하는 이들은

슬픔을 자책하며
무릎 꿇었다

그 가을은 특별했다

꽃이 진 뒤의 적요를 어루만지는
단비가 촉촉이 내렸다

여름 동안
그 가을은 이미 만들어지고 있었다

그 가을이 둥근 달로 차오르는 건
누군가가 따 주기를 바라기 때문이었고

그 가을이 홀로 남아 기도하는 건
고운 울음으로 비울 수 있었기 때문이었다

반추 속에서 발효되고 오래 익어가는
그 평범했던 가을의 포도주가
내게는 특별했다

그 여름의 비밀

쓸쓸하도록 정갈한 가을날
레테 강으로 그는 떠났다

태양만이 알고 있는 비밀이 있었다

호찌민은 어디에도 없었고
어디에나 있었다
바닷가 마을은
적색의 게르니카가 되었고
선인장 꽃들이 노을에 젖었다

고엽제 가루 같은 뙤약볕이 내리고
몸져누운 물줄기 메말라 갔다

노을 젖은 선인장 꽃들이 매암 돌고
그는 쓰러졌다

그 장미로부터의 연상

원고를 철하던 핀에
내 손가락이 찔린다

장미가 피어난다

라이너 마리아 릴케여
이 시대에 그대처럼 난
작별이 아름다울 수 없을 것 같다

인정할 수 없는 트로피의 베레모가
아픔으로 그린 내 목판화에 날 못 박는다
자주 그런 악몽을 꾼다

언젠가 나도
버릴 것 죄 버린 후에
바다가 보이는 펜션에서 비가를 쓸 것이다
그것들은 또

한갓되이 묻혀버릴지 모르지만

기다릴 것이다
죽음 같은 어둠의 끝까지 기다릴 것이다

아몬드꽃 향기의 새 아침을

그믐

슬픈 의식이 시작됩니다

죽음의 색깔을 검정으로 알고 있나요
노란 그리움이 버짐처럼 번져 있어요

어제의 내가 벗어 놓은 신발을
가지런히 정돈합니다

오늘의 내가 횡단 열차 차창 너머로
원본의 자작나무 숲을 바라봅니다

그믐과 초승

단조의 바이올린 소리가 들린다

사과 한 쪽을 베어 물다가
브리지한 치아가 부러지면서
연이어 마스코트가 쓰러지고

책상 밑에 고이는 울음

어제의 기차가
터널 속으로 빨려 들어간다

어디쯤인가

낯선 바람이 어둠을 흔들고

죽음이라기엔
너무나도 선명한 첫소리

그에게로 가는 길

그 길은 빙 둘러가는 에움길이었다

가깝고 쉬운 길은 늘 잘못된 길이었다

가시에 찔리는 아픔이거나
길이 보이지 않는 길 위의 죽음 같은 적막 속에서
가까스로 우회로를 찾아내곤 했다

날마다 마음에 말씀을 수 놓아 그의 모습을 떠올리고
그의 발자취를 따라간다

저녁의 눈물이 영롱한 이슬이 되어
머리맡을 적시는 아침

그러나 그의 나라에 들어가기 전에
건너야 할 위험한 강이 있다

스스로가 자꾸만 작아지는데

세상보다 큰 믿음을 갖게 하소서
지치지 않는 새 힘을 주소서

꽃비를 맞으며

떠나보낸 지 한 달
형과 함께 걷던 길에 꽃비가 내린다

그의 활짝 핀 일생이 덧없이 무너져내린다

주일예배 중에 찾아와 곁에 앉고
새벽꿈 속, 약속 하나 남기고 간 그

내 마음속에서
내년 봄에 이 길엔 벚꽃이 피지 않을 것이다
다만 쓸쓸한 바람뿐

그러나 울지 않는다
시들지 않는 기다림이 있기 때문에

꿀을 보낸 벗에게

아카시아꽃을 찾아 떠도는 그대처럼 나도
그리움의 샘을 찾아 떠도네
잉잉대는 언어의 통을 싣고서
시의 첫 행을 시작하기 전 차 한 잔 마시며
그대의 편지를 다시 꺼내 읽었지
경직된 마음 풀어주는 벗이여
푸른 숲과 맑은 강을 지키기 위해 우린
참 오랜 시간 애써왔는데
우려했던 일들이 모두를 두렵게 하네
인사동에서 우리
밥 한번 먹는 것도 위험한 시절이지
내 저 근원의 벗이여
우리가 새벽에 이르기 위해서는
어둠이 충분히 깊어져야 하는 것 같아
며칠 전 채취한 시 한 편 보내네

낮은 울음소리

가을에 기대어 선 친구의 그림자를 본다

집착을 끝낸 그는
뿌리로 내려가 잠이 들 것이다

내가 이사 온 변방은 늘 쓸쓸하다

비스듬한 오후의 빛으로 누워
안쓰러운 창밖을 바라본다

쓰임 받지 못하는 낮달이
옥탑방 지붕의 처마 끝에 매달려 있다

슬픔을 촘촘히 베어 편집한다
그 노을에 젖는다

바람 부는 밤 덜 익은 것들의 낙과 소리에

어깨가 떨어지고

절룩거리며 기차가 지나가고

부리로 제 발톱을 뽑는 늙은 독수리의 앓는 소리에
잠 못 이룬다

영혼이 깃든 색소폰이
살아 있는 것의 고통을 나지막이 운다

난초

 창가에 놓인 화분의 난초들이 잔잔한 음악을 들으며 그들의 감정을 정리하고 있다 잎들을 가다듬고 있다

 그들의 고요한 움직임을 나는 안다 그들의 목마름, 그들의 외로움, 그들의 아픔을 나는 안다 그들에게도 울음 같은 기도가 있다 그 기도가 고운 꽃을 피우기도 한다

 그들은 은밀한 향기로 사람에게 다가간다 내성적인 그리움이 있는 사람에게

 그들이 밖에 나가 비에 젖기를 좋아하는 것은 그 비에서 본향의 흙냄새가 나기 때문이다

3부

내 마음의 아프리카

나는 왜 내 것이 아닌 슬픔을
그냥 지나치지 못하는 것일까요

4B연필로 그리다 만
쫓기는 약한 것의 질주를 보세요

붉은 물감으로 찍은 비명 하나
불쌍한 죽음의 뼈다귀가 비에 젖습니다

슬픔이 여기저기
바오바브나무로 서 있습니다

바오바브나무들이 아프리카 아프리카
울고 있어요

유니세프가 보내온 편지는
검은 눈물 속에 빛나는

하얀 치아 같아요

울지마 톤즈는
잊히지 않는 울림입니다

슬픔이 내 마음을
아프리카 아프리카 적십니다

내 마음의 수채화

세상의 이방인인 내가
쉬어 가는 벤치가 있다
생각이 오솔길을 내는 공원의 숲은
내가 꿈꾸는 나라
잎들이 빛의 공간을 다툼 없이 나누고
뿌리들이 서로 비키면서 뻗어나간다
강을 따라 기다림이 연 철길이 있고
그리움을 적시는 아직 당도하지 않은 소식
신의 숨결이 부는 피리 소리가
소 울음의 땅을 쓰다듬고
가난한 마을의 지붕들을 어루만진다

내 마음의 하늘

 덧없는 집착에서 돌아와 내 안 깊숙한 곳에 이르렀을 때 거기 당신이 내 아픈 마음의 진물을 닦아내고 있었습니다

 내 안의 당신은 참으로 맑고 고요했습니다 그 둘레 길에 내 기도의 나무들이 자랐습니다

 당신이 거룩한 노을을 가르쳤을 때 나는 내 살처럼 키워 온 것을 그 슬프도록 고운 노을 속으로 떠나보냈습니다.

 내 마음의 눈물은 공의로운 당신의 눈물입니다 소외된 변두리 마을을 적셨습니다

 내 안에 당신이 있지만 실은 당신 안에 내가 있습니다 당신 안에 내 영원한 집이 있습니다

다시 시작하는 방랑

어느새 견고해진 내 마음이 성읍과 탑을 쌓고 있다
바벨탑 이야기를 읽다가 깨닫는 이 헛된 아집
나는 흩어진 힘과 잘린 언어들을 생각하며
사람의 것이 아닌 꿈을 반성한다
한곳에 머물러 정착지로 방어하며 살아가려 했던
허망한 착각을 반성한다
유목의 삶이란 깃을 얻는 것이 아니라
깃을 버리는 것임을
잊혀진 어둠 속에서 마두금을 꺼내어 켠다
풀잎들을 쓰다듬는 바람 같은 음악
내일 채 동이 트기 전에
내 마음 다시 떠나리라, 말발굽을 울리며
새벽별이 유난히 밝아 보이는 미지의 땅으로
성읍과 교만한 탑을 허물고
저 근원의 신전을 찾아 가 밤새껏 눈물 젖어
신선했던 처음을 회복한 후
내 마음 다시 떠나리라, 비울 것 다 비운

가벼움으로
유목의 삶이란 참으로 안주할 수 있는
영원한 깃을 찾는 것임을
고이지 않는 마음속의
영원한 깃을 찾는 것임을

단조의 겨울

가을의 끝에서 노을이 저문다

시린 바람에 우수수 붉은 잎 지고
회한이 짙어져 온다

유리 갈 듯 갈 수 없는
지울 수 없는 상흔

벽시계의 절도 있는 발걸음 소리에
어두운 시간이 숯처럼 부서진다

별자리 같은 불빛 멀어져가고
길들도 희미해진다

끼룩끼룩 소리를 내며 돌아가는 필름

그리움은

넘을 수 없는 경계에서 마시는 쓰디쓴 커피

달빛이 이루지 못한 것의 아픔을
현으로 울고 있다

모성의 눈물이
살아내야 하는 뿌리를 적신다

닻을 내리다

나는 늘 선 밖에 있었고
낯선 무언가가 날 밀어내곤 했다

내가 사는 것은 의자도 없이 흔들리며 가는
고단한 슬픔이었다

겨울 바닷가에 쓰러져 울던 내가
널 만나기 전까지는

지쳐 있는 나를
삐걱거리는 나를
너는 어머니같이 맞아주었다

창가에 나란히 앉아
아름다운 노을을 바라보면서 너는
"그분의 피로 너와 나는 가까워졌어"
라고 말했다

그리고 너는 네 마음이라며
손수 수 놓은 샤론의 꽃을 선물했다

수선화가 피어나던 겨울의 끝물에
서라 하시는 말씀을 들었다

저만치
섧도록 그리던 차별과 편견이 없는 나라
그곳으로 가는 길의 이정표가 보였다

달 이운 후

한갓 달맞이꽃 육신이다

아무도 모르게 소리 죽여 우는 아픔

마냥
우울한 일기를 쓰지 않는다

받아들이고 난 다음의 고요 속에서
마음의 깊은 소리를 듣는다

그 소리가 짓는 집

그 집의 오래된 벽지를 뜯어낸다

라벤더 가든

바람 부는 날이면
흩어지는 생각으로 흔들렸다

비가 오는 날이면
덧난 아픔으로 울먹였다

기도하는 마음으로 긴 편지를 쓰던
지난밤
링거액 흐르는 소리를 들었다

더 이상 슬퍼하지 않는
보랏빛

더 이상 슬퍼 보이지 않는
보랏빛

마법의 피아노

우아한 소리를 내는 피아노가 가라앉는다
깊은 적막 속으로

못 쓰게 된 왼손이 울고 있는
저녁

피아노에 묶인 생각이 가라앉는다 하늘과 소통이 되
지 않는
침묵 속으로

굳어버린 손가락이 떠다니는
슬픔

타락한 천사처럼 리비도의 광시곡을 쓸까
붉은 손목을 떨어뜨릴까

아, 그러나

어두워질수록 반짝이는 내 영혼

피아노를 버리겠어요

반음의 계절이 지나면
새로 시작할 수 있는 곳으로 떠나려고 한다

맑은 것은 눈물 같다지만

정갈하게 반짝이는 가을 강이
다소는 쓸쓸하다

속된 것들은 하류의 세상 쪽으로 떠나가고

나의 닳지 않은 부분에 대해 탁한 세월이 말한다
아직도 여전히 예민해

시가 읽히지 않는 각박한 시절에
맑게 사는 것은 슬픈 일이라지만

그것은 돌아오는 좋은 날 불을 켜는
이끼 낀 석등 같은 것 아닐까

머나먼 너의 집

우리는 어릴 적 경사진 골목을 누비며 자랐지
높은 곳에서 바라보는 강 건너 저녁 불빛은
너만큼이나 화사했다
고지서의 무게가 힘겨운 나의 마을 저녁 불빛은
초승달의 눈물이 어려 있어
너는 모를 거야 가끔 꿈속에서 내가
흙탕물의 강처럼 일어서서
어디론가 내달리다 쓰러지는 것을
너와 내가 마주 앉아 시소의 균형을 이야기하던
그 기억들은 지금도 따뜻하고
너는 점점 더 내게로 기울어져 오는데
너의 집과 나의 집의 거리는
자꾸만 더욱 멀어져 보인다
다리는 물에 잠겨가는 것처럼 보인다

못

1
고적한 오랜 잠 끝에
녹슬은 못들이 일어선다
정기 어린 이 아침
그러나 꿈의 통나무는 아직도
실려오지 않고 있다

못들은 이내
쓸모 없는 욕구가 되어
스러져버린다

2
고정관념 하나가
툭하고 떨어진다
못이 구식틀의 무게를
감당하지 못했기 때문이다

수정된 관념을
단순한 디자인의 나무필통에 꽂는다

3
자정 넘어 그 누가
불면의 관에 못질하고 있는가
깊디 깊은 밤을
차디 찬 금속성으로 멍들게 하는가

4
이 세상 끝까지
성결한 피가 묻은 그 못을
간직하게 하소서
타고 난 죄 말고도
앙금처럼 가라앉은 나날의 죄까지
씻어지게 하소서
그래서 마지막 확신으로 물들어 떠나가는
노을이게 하소서

바람이 아니라면

바람이 아니라면 누가 이 적막한 뜰을
피 묻은 창호지처럼 우는 것인가

타다 남은 새날의 청사진들이
달빛에 젖는다

잔인한 칼에 동강 난 꿈이
자목련 눈물로 진다

늘 세상이 이기고
그대는 죽는다

바람이 아니라면 누가 그렇게
밤새 울다 가는 것인가

말발굽 소리가 사라져 간 그곳에
그대는 살아 있는가

시퍼렇게 날 선 강이
꿈틀거리곤 한다

문병

너의 소식은
슬픔보다 먼저 오는 안개비 같았다

우리 오후의 생이라 해도
동백꽃 한 폭은 그릴 수 있는데

몸을 열어 본 후의 가라앉은 시간이
너무 무겁다

건너야 할 시퍼런 고통의 강

야윈 달 같은 너
그 여린 달빛이 섧다

너의 젖은 시선이 머물곤 하는
창밖의 움트는 산수유나무

4부

버려진 기타

길 지워진 그리움 접으면서
소리 없이 운다

둘이서 하나가 되어 별을 노래할 때
오늘은 꽃샘추위 같은 것으로 생각했지

내일이 보이지 않는 시간은 너무 길어
끝내 외톨이가 되고
봄 같지 않은 봄이다

허름한 골목
수은의 불빛 시리고

세상의 모서리에 베이며
뿌리내리지 못하는 일터에서 돌아온 기타는
비스듬히 벽에 기대어
야윈 달을 쳐다본다

뒤척이는 잠 속에
떨어진 별 굴러다니고

아침에야 열어보는
홀어머니의 택배에
찡하고 울리는 기타 줄 하나

툭 하고 끊어지는 기타 줄 하나

밤비

비가 내린다 정리되지 않는 것들이
후드득후드득
창문을 두들기는 밤, 밤새껏

가라앉지 않는 아픔이

후드득후드득

보내며

가을날 논둑길을 걸으면
밥 짓는 냄새가 난다던 너
흰 국화꽃 향기 진한 길을 떠나
그분을 홀로 만났을 때
넌 어떤 첫인사를 했을까

내 결별의 기도 속에
꿈인 듯 잠시 들렀다 간 넌
병든 몸을 벗어버린
자유로운 영가였지

그분이 다시 오시는 날
꽃 피는 아몬드 나무가 보이는
오른편 방의 창가에서 우리
만나기로 해

변방에서

사월에도 봄이 오지 않는 거실
두꺼운 어둠을 덮고
러시아 기차의 의자 같은 소파에 누워
늑대 소리를 듣는 꿈을 꿉니다

볕이 들지 않는 사각의 그늘은
신이 만든 것이 아니어요
가진 자는
공평한 햇빛을 가로채지요

결핍을 죄 아닌 죄로 받아들이며
외지고 응달진 곳에 세를 들었습니다

사월에도 숨죽인 꽃들은
있는 듯 없는 듯 피어 있지만
한참을 가만히 지켜보고 있으면
꽃대가 울음처럼 흔들립니다

봄비 내린 후

어제 내린 봄비가
겨우내 잦았던 기침 소리를 씻어냈다
베이지색 프렌치 코트의 네가 말한다
느낌이 달라요 사는 것이
다시 사랑할 수 있을 것 같아요
따뜻한 눈물을 길어 너는
네 마음의 외등을 켠다
세상이 그어 놓은 너의 상처가
아직 윤기 있는 빛깔은 아니다
그러나 어둠은 더욱 아니다

비 오는 날

어떻게 살아요
그 애 없이

절룩거리며 비가 내리고

슬픔을 등에 지고 힘겹게 가는
너

후드득 가슴 치는 젖은 어둠이
예전의 빗속에 날 서 있게 한다

흐린 불빛을 끄고 눈을 감아요

아픔 위에 새겨놓은 신의 글씨가
보일 때까지

비

빗줄기들이 수직의 선으로
울타리를 친다

그 안에 섬 하나

유리창이 수채화로 그리는
버리지 못한 꿈을 지고 가는 달팽이

천둥소리가 세상을 책망하며 지나간다

설움에 겨워 몸져누운 저녁 강을 바라보는
외등

소음과 음악 사이에 있는
빗소리

비가

너는 동쪽에 살고
나는 서쪽에 산다

어느 날은
칼 들어
버리지 못한 그리움 하나 베고

어느 날은
기다림의 길이
무언가에 길게 베어진다

이래도 저래도
아픈 것은 마찬가지다

마음의 등이 쑤셔오는 저녁
창 너머로 자목련이 지고

편도선이 부은 저녁
저무는 강이 파르르 떤다

소라껍질

이 집은 생각의 집이다
활짝 열린 출입구에
별들의 통신 밀물져 오고
그리움은 나선형을 이루며
돔 성전 지붕 같은 정점을 향해
감겨 올라간다
소금기의 바람에 씻겨 이 집의 외벽은
희뿌옇게 바랜 달빛이다
이 집의 안쪽은 그리움의 선을 따라
회전하며 오르는 계단이 있고
꿈꾸는 수분의 샹들리에가 있고
반추하는 시간의 그림자가 있다
저녁노을이 아름다운 날 이 집은
축적된 속울음으로
긴 고동을 울린다
마음이 고요할 적
이 집은 명상의 귀가 되어

그리운 나라의 피아노 소리를 듣는다
하얀 모래톱은
생각들의 뼛가루다

소라껍질의 집

세상의 길들었던 것들과 멀어졌다

책상 위의 희뿌연 소라껍질
그 안에 내가 있다

나선형의 계단이 있는
돔 지붕의 집

세상 사람들은 가을의 열매를 딴다
세상 사람들은 내가 기다리는 열매를 잘 모른다

사순절의 기도가 계단으로 감겨 올라가
생성된 천장 벽화

묵상의 방에서
진노가 거역한 것들을 쓸어갈 때
제국도 한갓 모래성에 지나지 않았다는 기록의

역사서를 읽는다

금세 울음이라도 터트릴 것 같은
침공당한 물빛의 설움을
내 황톳빛 연민이 다독인다

너른 창가에 앉아
별들을 지으신 이에게
고동 소리의 편지를 보낸다

삼학도

 나른한 오후 반도의 서남쪽 끝 석탄 부두로 가는 폐선 같은 철길 위에 역부 몇 사람이 긴 그림자와 함께 화물열차를 느릿느릿 움직이고 있었다 소금기 절은 바람이 불었다 개흙 속에 엉킨 옛이야기들이 노을 물들고 생각 속에서 해경 부두 앞바다를 떠난 목화와 쌀의 선적 선이 유성기의 눈물 젖은 멜로디 위를 떠가고 있었다 이내 저녁 안개가 습하게 밀려왔다

 세 마리의 학이 합장된 그곳에 단조의 달빛 내리고 저만치 자유도 민주주의도 잘 모르는 어머니의 울음이 나라보다도 서럽게 나부끼고 있었다

수선화

우리에겐
서럽도록 맑은 물소리가 있다

그 물소리 속에서
시린 눈물로 피워낸

안타까워하고
아파하던 마음이다

등 푸른 시간이 아련히 반짝인다

스케치

너에게로 가는 길은
가까우면서도 멀다

유리창은 그리워하지 않는 척하며
목이 마르고
기다리는 비는 내리지 않는다
유리창은 외등 하나뿐
번져나는 것들이 없다

빈 마음에 쓸쓸한 바람이 인다
내 길든 모자가 어색하게 날아간다

네가 보지 못하는 어디쯤

산벚나무들은 아직 때가 아니라는 듯
죽은 듯이 숨어 있다

시월에

가을 강이
울음의 앙금을 씻어내고 있다

지난여름 아파하며
피워낸 유럽 수국

가을 강은
긴 목의 호리병 하나 간직하고 있다

추수 후의 빈 잔을 채우는
낮은 물소리의 여운

실루엣

노을 속에서 걸어 나온 스님이
하나씩
강가의 연등을 켠다

물 위에
까까중머리 아이들이
딱따구리 노래로 번지고 있다

5부

안개의 정의

너무 가까이서 보면 초라한 삶에 드리워지는
페이소스의 눈물

안행雁行

내게도 겨울이 왔다

새벽 무렵에
기러기들의 꿈을 꾸었다

그들의 깃털을 쓰다듬어 주면서 나는 말했다

추운 곳으로 가는 긴 여행이야

따뜻하고 편안한 시간은 더 이상
우리의 것이 아닌 것을

그러나 가는 곳은 약속의 땅이고

동행의 우리는
신의 부호를 그리며 날 것이다

암염 층의 기억

내륙에서 자란 나는 늘
탁 트인 바다를 그리워했다
밤새워 그 그리움을
연가로 쓰던 시절이 있었다

도시 생활은 지층 속의 어둠 같았고
마음은 화석처럼 굳어져 갔다

삶에서 조금씩
속된 냄새가 나기 시작할 때
바람이 미세하게 어둠을 흔들었고
빛의 입자들이 기척을 냈다

그것들은 굳어진 마음 저 깊은 곳의
푸른 기억들이 되살아나게 했다

묵상의 말간 고요가 삶에서

속된 냄새를 지웠다
그러고는 나를 지웠다

잘게 부순 나의 기억은
정결한 소금이 되었다

역정歷程의 노래

1
퍽 상쾌한 가을아침에
집 뜨락의 한 그루 무화과나무의 과일을 따네.
바구니 채우면서, 난 생각하네.
지나간 봄의 그 제대 후의
아련히 설레던 가슴을,
외국어의 황무지를 향한
진한 결의를,
그리고, 갈대 사이로 꽃처럼 웃으며
스쳐가던 그 미를,
여름은 지겨웠고, 또한 괴로웠고
또한 참으로 위대했던 것을,
모든 것은 엉클어지고 뒤틀리고 메말라 있었고
다만 목숨의 원천과 기도만이 남아
시간을 이끌어 갔던 것을,
가을은, 뜻 밖에도
여러 가지 기쁨을 내게 안겨 주었네.

바구니 채우면서, 난
가까운 내일의 빛과
훌쩍 큰 꼬마들과 말괄량이들 사이의
우정과 사랑의 둘레를 느끼며
시드니 포이치에처럼 까맣고도
하얗게 웃네.

2
채과埰果 후,
돌아 와 쉬는 나의 방에
갑자기 찬바람이 스며드네.
낙엽이 지는 속에
호올로 치웁게 서서 견디어야 할 나무와 나의 고독과
과로가 준 이 몸의 병의 그늘,
남아 있는 막바지의 겨울시련,
허나 걱정하지 않네.
나를 잊는 즐거운 손짓하며
변함없이 그 미를 사랑하며
한결 둘레를 사랑하며,

시드니 포이치에처럼 까맣고도
하얗게 웃을 것이네.

연평도

 연평도는 어디로 갔나 꽃게 가득 실은 배들은 어디로 갔나 사람들은 떠나고 전쟁의 도구들이 줄지어 들어온다 사이렌을 울리며 폐허가 된 곳에 아니 폐허가 되지 않은 곳에도 포연 서린 눈발이 날린다 주인 잃은 개들과 고양이들이 통제된 어둠 속을 뒤지고 있다 삶의 젖줄 같은 고향은 어디로 갔나

 너에게도 나에게도 양지바른 언덕은 사라졌다

영산홍

　서녘 하늘에 묻어 둔 슬프도록 고운 노을 아무도 모르게 반짝이는 눈물로 내려 앞뜰의 작은 나무들을 적시었다 겨우내 땅속에 뿌리를 지키고 있던 작은 나무들에게 낮고 따뜻한 바람이 속삭였다 "아름다운 꽃으로 피워보렴. 의로운 울음들이야." 작은 나무들은 변종의 아픔보다도 더 아팠다 마음속에 그 울음들이 제 색깔을 낼 때까지 망울망울 아팠다

　아직도 어두운 봄에 등을 켜고 있다

잊지 못할 저녁

노을이
해묵은 울음을 씻어냈다

저녁이
라벤더의 보랏빛으로 짙어져 왔다

영혼이
맑은 우물 같았다

엉킨 강의 시간이
풀리기 시작했다

슬프도록 빛나는 길이 보였다

우울한 편지

친구야 도시 사람들은
하늘을 잘 바라보지 않아
돈에 눈이 어두워서 그런 것 같아
관광 단지개발공사가 시작된 고향 마을은
탁한 소문들이 떠돌고
머지않아 강둑에 줄지어 서 있는 나무들이
반짝이며 전기고문을 당할 거야
여기저기 일회용품 쓰레기 더미에서
어둠이 흘러나와 저녁으로 스며들고
손바닥 뒤집듯 쉽게도 뒤집어 회칠한
강바닥에서 밤마다
죽어가는 울음소리를 듣게 될 거야
그런데도 미끼에 속는 붕어 같은
한심한 녀석들이 있어
도시 사람들의 매운탕거리나 될 녀석들이
끝내 이곳 사람들은
깃을 잃은 새가 되어

깊은 아픔으로 뿌리들을 자르며
어디론가 떠나야 할 거야

위험한 여름

들끓는 여름이다

북극곰 아저씨는 무사할까

불어난 빙하 녹은 물 그가 사는 반지하 방도
발끝까지 침식된 난간이다

밤마다 그는 허우적대는 꿈을 꾸고

일회용 컵이 휴지통에 넘쳐나는 놀이공원에서 그는
가쁜 숨을 쉰다

별이 없는 밤을 살아가는
홀로 키운 그의 아들은
어디로 가는 것일까

그의 피에로 웃음 뒤에

삭이지 못한 속울음은 멍이 되고

메아리 없는 기다림

이미 허구만은 아닌 것들

시간의 백미러에
찡그리고 있는 지구의 얼굴이 보인다

이호비치에서
- 제주도 퇴임 여행

비치 펜션 발코니에 앉아
시고도 단 지난 일들을 정리한다
그 시간의 껍질들을 잘 말려
올겨울은 차를 만들어 마셔야지
철 지난 해수욕장이
생동하는 파도로 쓸쓸하지 않듯이
변함없는 생명력의 유지
라고 나는 스스로에게 속삭인다
무의식의 바다에 나가 내 감성의 배는
밤새껏 별처럼 집어등을 켜고
시를 낚는다
그 시 속에는
조나단 리빙스턴 시걸의 꿈이 깃들어 있지
올레길의 검은 해안선을 따라
유채꽃처럼 되살아나는
아이들 그리고 선생님들과의 추억

내부형 교장 공모에 대해 말들이 많지만
난 개의치 않는다
난 먼저 부서지기 시작한 돌이고
그것은 모래 해변이 되는 일인 것을

일 년 후

별이 없는 저녁이다

배롱나무, 작년에 내게로 와서
고운 정 들여놓더니
서둘러 떠나버렸다

빈 채로 둔 저녁은
적요한 서늘함이다

문득 생각나는 어머니 기도의 눈물이
성수가 되어
내 슬픔을 적신다

한동안 안 보이던
다년생 나무들이 보인다
말씀의 행간에 숨어 있는 우물이 보인다

마르지 않는 물에
내 지친 뿌리를 내린다

우물

우물을 얻기 위해 팽이가 된다

누군가의 채찍이
똑바로 서 있게 하는 팽이

수직의 몰입은
멍든 자국의 바람개비를 돌리고

한 치의 흐트러짐도 없이
팽이가 하나의 고요로 서 있을 때
그 고요의 가장 깊은 곳에서
샘물이 솟는다

우물을 들고 길을 떠난다
지쳐 있는 사람들을 찾아

우물의 뿌리는 어디서나

목숨의 근원에 닿아 있다

목마른 사람에게 한 컵의 물은 울림이 되고
살아가는 이유가 된다

우물의 물은 금세
수혈받은 것처럼 차오르곤 한다

자목련

바람이 몹시 불던 날
너는 붉게 울었다

그때 내 마음의 거문고
같이 울었다

아름다운 건 끝내 이렇듯
가여워야만 하는가

뜨락에 떨어진
너의 회한을 쓸어낸다

등피를 닦듯이
너의 슬픔을 지운다

저녁 무렵의 편지

저물어가는 길목에 네가 서서 울고 있었다

너의 아픔을 다독이면서
이상하게도 난 짙어 오는 쓸쓸함을 잊을 수 있었다

따뜻해진 너의 마음이
어둠의 깊이로 뿌리내린 별처럼 빛난다

시련을 딛고 동백꽃으로 피어나는 널
가까이서 지켜볼 것이다

내가 너무 어두워져서 네가 날 볼 수 없을 때까지

저녁 강가에서

휘어진 삶이 단조 음을 낼 때
강가로 나간다

다리의 불빛 아름답고
닳지 않은 시절의 이야기
물가에 반딧불로 반짝이는데

강 건너 저쪽은 그리던 곳이 아니다
강 건너 저쪽은 영혼이 없는 작은 뉴욕이다

둑 마을의 달은 야위어가고
골목길은 전립선염을 앓고 있다
둑 마을의 속울음은 하수구를 통해
강으로 흘러들고 있다

내일은 낮은 촉수의 불빛
생계의 근심은

잠을 갉아먹는 또 하나의 바이러스

저만치서
목이 슬픈 왜가리들 어기적거리고

꼬리 긴 전동차가 물가 상향곡선 같은 언덕길을
바둥거리며 올라가고 있다

6부

지구본

찡그리고 있는 지구본 하나 책상 위에 있다

일회용 컵이 미안했을까
휴지통에 구겨진 채 머리를 처박고 있다

가만히 지구본에 손을 대면

표면에 달라붙은 미물 같은 생
훅 불면 날아가 버릴 것 같은 생

지구본이 두르고 있는 지도는
그을리고 흠집이 나 있다

가만히 지구본에 귀를 대면
약한 것들의 가여운 울음소리

해가 어두워지고 달이 핏빛 같이 변하게 될

그날은 정말 언제인가

녹슨 페인트 같은 구각이 벗겨지고
지구가 새 지도를 입을 날이

손가락으로 지구본을 돌리면

의로운 울음에서 새 시대의 광선을 잣으며
우주만한 바퀴를 돌리는 이가 보인다

집 2

집을 떠나 먼 곳에도
집이 있을 수 있다

먼 곳의 집은 있다가
잊혀져버리기 쉽지만
어떤 집은, 문득
원근 없이 다가와
집 속의 집이 되기도 한다

어느 초겨울날
옷 벗은 미루나무에
까치집처럼
드러날 수도 있다

철새도래지에서

들꽃 아이들이
저어새가 되어 날고 있다
철조망이 아파 강물은 뒤척이고
왜 우리는 서로 사랑하면서도
서로 적이어야 하는가
초병의 총구는
가느다란 금속성을 내며 운다
가까이 도라산역 기차는
달리고 싶어 한다
퇴색한 이데올로기의 금을 지우며
강물은 노을로 물들고
나래 접은 아이들이 강가에서
탄피를 줍고 있다
잊어야 한다는 당위성으로
아이들은 여기저기서 산화되고
사라진 아이들은 저녁 하늘에
별처럼 반짝이고 있다

촛불의 추억

반짝이는 강으로 흐르고 있다

우리가 스페인을 지나 포르투갈에
들어섰을 때

아이들이 성모 마리아를 만난 곳
태양의 기적이 일어난 곳

거기 파티마 성당에서
다양한 종족의 사람들과 드린 촛불 미사

언덕의 성지로 가는
긴 촛불의 행진

성지의 의식을 원으로 둘러싼 겹겹의 촛불

그리고 자카란다 나무에

보랏빛 촛불을 켠 하느님

그 기억들이 필름 돌아가는 소리를 내며
반짝이는 강으로 흐르고 있다

침몰

흐린 날의 저녁 부두에
흉조의 게들이 기어 다녔다

이단의 선박이
가난한 도시의 아이들과 화물들을
넘치도록 싣고

'세상을 초월한다'라는 허울 좋은 이름으로
죽음의 바다를 향해 떠났다

출렁이는 밤 아이들은
뒤처진 경주마와 함께 쓰러지는 꿈을 꾸었다

아침에 하늘은
기울어지는 탐욕의 배를 바로잡지 않았다
뒤집히는 탐욕의 배를 붙잡지 않았다

어른들은 비겁했고
아이들은 물속의 십자가에 못 박혔다

슬픔의 수레바퀴가 굴러간 궤적을
통곡의 행렬이 지나가고

노란 리본의 안타까운 마음들이
자책하며 괴로워했다

이 모든 것은 악한 시절에 내리는
하늘의 경고였다

풍등

연민의 불을 켠다

강가에서 날리는 풍등은
따뜻한 멜로디로 떠 있는 별이다

같은 하늘 아래
살아가는 냄새가 서러운 사람들

이를테면

텅 빈 어딘가에 홀로 남아 있다가
어두워지는

혹독한 시련 속에서
겨울이 아닌 것을 그리워하는

변방으로 밀려나

지워져 가는

그들이 창가에서
또는 길을 가다가
바라보는 그 별들

풍등의 기억은
물관 속을 흐르는 링거액처럼
그들의 슬픈 잠을 적실 것이다

풀씨의 꿈

떠나며 한숨짓는
까닭을 아신다면
바람처럼 오셔서 차라리
머물 곳 없는 강으로나
데려다주세요
이름 없는 들풀은
너무 초라해요
죄가 있다면
말씀으로 씻어내며
나래 젖은 모습으로
물 흐르듯 있겠어요
뿌리내리지 못하는
수도의 생이
없었던 듯 스러진다 해도
당신 속에 다시 태어 나
이름 있는 꽃이 된다면
그럴 수만 있다면

핀

한때는 나도 널 채집한 예쁜 나비로
내 마음의 상자에 꽂아 놓으려고 했지

아 아 아파요

찔레꽃 꽃밭에 숨어 너는
울곤 했다

미련한 나는

낮달 같은 시간을 콕 콕
피가 나게 찌르곤 했다

하노이에서

그 포로의 딸뻘 되는 아가씨가
안마를 끝내고 웃고 있다

속죄하는 마음으로
팁을 건넨다

폭발음과 함께
붉은 플루메리아 꽃이 된 더럽혀진 몸

그렇게 지워버린 그들의 죄

군용헬기 한 대가
사실을 흩트려 놓고 달아난다

해가 질 무렵

바다 가까운 서산의 석양은 달덩이 같고
자색으로 물든 하늘이 본향처럼 아름답다
한낮의 삶은 각박하고 고단하지만
해 질 녘은, 작약꽃 같은 구름이 아늑하다
비스듬히 비쳐오는 편안한 빛은
하굣길의 책가방을 가볍게 한다
퇴근길의 지친 어깨를 어루만져 준다
가난한 동네의 누추함을 감추어 준다
김매기를 끝내고 집으로 돌아가는 이들이
소박한 가을의 꿈에 젖어 들게 한다
산그늘 짙어져 등 켜진 거실의 탁자에는
영혼의 양식과 녹차가 준비되어 있다
저녁은, 하루의 재를 이마에 바르고
성찰과 기도에 들어가는 시간이다

해미읍성 회화나무

아픈 역사 한 가운데에
홀로 서 있다
목숨까지 버리며 그때 그 사람들이 믿던
하늘은
그 나무를 바라보는 사람들에게
포도주 빛 노을이 아름답다고 한다

호박순 치기

 줄기를 내리고 곁순과 열매 맺지 못하는 꽃봉오리를 가위질하며 생각을 가다듬지요.

 생각이 정리되면 메시지의 가닥이 잡히고 이미지가 선명히 떠올라요

 모양 좋게 익어가는 생각에 형식의 봉지를 씌우고 다 익은 생각은 따서 바퀴 하나 달린 작은 손수레에 싣지요. 노을 녘에 가지런히 파일 속에 넣어요.

 밀레의 그림 같은 시 한 편 보내드릴게요.

홀로 남은 정류장

너를 생각하다가 길을 잃는다

낯선 정류장
갈 곳 없는 구름인 나를
들키고 싶지 않아

길가의 아이스크림을 먹는다
그 연하게 녹는 외로움

구름을 지운다

회양목

그 키 작은 관목은 가까이 다가 와
시야를 덮었고
그래서 난 관 체험을 하게 되었다
그 잠은
녹색 여울 같은 슬픔이었다

촉촉한 이별이 끝나면
오랫동안 가까워져 온 하늘로
긴 여행을 떠날 것이었다
알 수 없고 낯설지만
두렵지만은 않은 곳으로

희미한 숲

안개 같은 것 는개 같은 것
눈물 같은 것이
그리고 포도주의 노을 젖어 바라보는 시선이
희미한 숲을 만들었다

그 숲의 나무들은
시냇가의 기억에 뿌리내린다

그 나무에는
하늘 높이 멀어졌다가 되돌아오곤 하는
바람 속에서 태어난 작은 새들이 산다

딱 한 번 죽을 때만 땅에 내려오는
슬프도록 고운 새들이

7부

시평

〈자작시 시평 1〉

집

집을 떠나 먼 곳에도
집이 있을 수 있다

먼 곳의 집은 있다가
잊혀져 버리기 쉽지만
어떤 집은 문득
원근 없이 다가와
집 속의 집이 되기도 한다

어느 초겨울날
옷 벗은 미루나무에
까치집처럼
드러날 수도 있다

예시는 그의 시집 『내 마음의 철길』에 실린 작품이다.

 우선 작품 안에서 집의 의미를 규명하여야 한다. 우리말에는 집은 다양한 뜻을 가진다. 가시적으로는 건물(house)를 말하기도 하고, 관념적으로는 가족(family)을 뜻하기도 한다. 가계(家系)는 후자에 속한다. 이 둘을 합해 가정(home)이라는 복합의 의미를 동시에 가지기도 한다.

 이런 다양한 의미를 가지는 집이라는 말이 지시하는 정확한 의미를 알기 위해서는 시인이 그 시어를 사용한 다른 작품을 살펴 볼 필요가 있다. 해석을 위한 단초를 찾기 위함이다.

 집은, 크게 보면/ 하나일 수도 있다// 숲속의 집 없는 짐승들이/ 근심하지 않는 것은 / 바로 이런 까닭일까// 그분의 집은/ 별들의 집보다도/ 더 큰 것이어서/ 어떻게 그려 낼 수가 없고// 그분의 집은/ 그분을 그리워하는/ 가슴 속에 있기도 하다// 세상의 집들이/ 전등을 끄고 사라질 때// 그분을 그리워하고/ 꿈을 버리지 않는 사람들은/ 어둠 속에서, 가슴에 간직해 왔던 불을 켜기도 한다//

-「집·4」전문

 예시 바로 뒷면에 실린 작품이라서 해석의 편리와 유익을 쉽게 받을 수 있다. 시인은 집이라는 언어가 가지는 시어의 특성을 두 편을 검토하여 집이라는 사물이 가지는 원관념(원래 목적한 의미)을 전달하는데 용이하도록 숨겨둔 의도를 알게 된다.

 시에서 같은 말이 여러 번 사용될 때는 대부분 그 언어는 상징어로 사용하고 있다는 것을 내포하고 있다.

「집·4」에서 나오는 '그분의 집'에서 그 의미가 확실히 구체적인 모습을 드러난다. 그분은 인격체를 가진 신앙의 대상이다.
 그분의 집은 '별들의 집(세계)'을 초월하지만 화자의 '가슴 속'에 존재하기도 한다. 이것은 양극화를 이루고 있는 집의 이미지를 동원하고 있다. 집은 시각적인 사물이 아닌 신앙의 관념을 드러내기 위한 보조물로 사용된 메타포 언어인 것이다. 신의 위치이자 동시에 인간의 상황이 된다. 곧 이중성이나 다의성을 가지는 경우다. 이것은 상징의 속성을 말한다. 집은 두 편을 보아서 단순한 사물시가 아닌 상징어를 동원한 시인 것을 알게 된다.

 원래 상징어란 그리스어의 symbolleon에서 유래한 말로, 깨진 거울의 짝을 맞추는 행위에서 시작한다. 시에서 유행했던 상징주의(象徵主義)는 19세기 말부터 20세기 초에 걸쳐서 프랑스를 중심으로 주로 서정시에 표현된 문예사조이다. 주관을 강조하고 정조(情調)를 상징화하여 표현하는 것을 주안(主眼)으로 했다. 상징의 방법으로 형이상학적, 신비적 내용을 나타내려고 했다. 그들은 현실 세계를 초월적 세계의 상징으로 보았으며, 문학을 통해 그 세계에 접근하려고 했다. 또한 객관적 규범의 틀을 벗어나 무한한 꿈과 신비의 세계를 표현하려고 했다는 점이 상징주의 문학의 특징이다. 랭보의 〈

지옥의 계절〉, 베를렌의 〈옛날과 요즘〉, 말라르메의 〈목신의 오후〉 등이 대표적 작품이다.

 상징어는 시에서 비유함에 있어 원관념과 보조관념을 차용함에서는 동일하다. 다만 원관념이 불가시적인 정서나 관념을 드러내려 할 때 사용한다. 상징은 다의성, 암시성, 특수성과 일반성의 혼재, 초월성, 입체성의 특성을 가진다. 또한 이 상징은 문학에서는 개인적인 상징, 제도적인 상징이 있다.

 그럼 예시로 제시한 작품으로 돌아와 살펴보자.

 1연에서는 삶과 연결된 고정된 집이 아닌 사람이 존재하지 않는 곳에도 집과 같은 역을 하는 장소나 동일한 성격의 의미가 있는 사물이 있다는 것을 말하고 있다. 시의 구조를 기승전결로 본다면 시를 일으키는 부분인 첫 연부터 집이라는 사물 안에 다양한 의미를 담고 있다는 것을 말하고 있음이다. 화자는 모든 언어를 거두절미하고 집이라는 언어 안에는 다양한 의미가 있다는 것을 말하고 있다. 즉

이 언어는 상징어로 해석하기를 원하고 있음을 알아주기를 바라고 있다. 구별이 안 되는 본질성을 가진다는 뜻이다.

 1연의 먼 집의 성격을 점진적이며 구체적으로 2연에서 밝히고 있다.

 그것의 하나는 잊혀 질 수 있는 집이다. 잊혀진다고 함은 생활하는 일상과 거리가 있는 성격의 집이라는 것이다. 즉 먼 곳의 집이란 일상과 거리와 먼 곳의 집이라는 의미를 가진다. 그런 집은 원근이 없이 중첩되는 집이다. 그래서 먼 곳의 집은 현 삶의 집과 동일한 다른 어떤 집이다. '어떤 집'이란 말에서 먼 곳의 집은 여러 종류의 집이 있음을 더욱 구체화한다.

 재미있는 조사가 있다. '되기도' 한다는 말은 안 될 수도 있다는 것을 함축하고 있다. 항시성이 아니라는 것을 말한다. 왜냐면 그 집들이 종류가 많기 때문이다.

'문득'이란 항상이라는 말과 반대의 개념이다. 생각하는 순간에 나타나는 동시성을 말하는 것이다.

먼 곳의 집이 '다가온다' 함은 내재적 존재로 임재하는 성격을 말한다. 이 임재는 통합적인 성질보다는 융합적인 성격이다. 소위 형이상시학에서 보는 엘리엇이 말한 통합적 감수성을 이루는 기전을 가지려 함이다.
마지막 연에서 집이라는 대상은 화자 자아와 일치를 이루고 있다.

'어느 초겨울날'은 인생의 노년을 상징하는 시어다. 이 말에서 종말론적인 존재의식이 분명하게 노출된다. 시인의 인생 여정의 길을 보여주고 있는 절기의 표현에서 집은 삶 속에서 이룬 결과물이라는 것을 말한다.

겨울철에 미루나무 위에 노출된 까치집은 인생의 종말에 드러나는 사람의 모습을 객관상관물로 치화하여 말하고 있다. 여기서도 '드러날 수도' 있다는 말은 시각화시킨 그림으로 확실성과 가능성을 동시에 표현하고 있다.

 '까치집'이라는 말에서 인간이 지은 집의 형상의 초라함을 적시하고 있다. 미루나무의 큰 키와 그 위에 지어진 까치집의 대비에서 인간이 이룬 집의 한계성을 말함으로 철학적 담론을 하고 있는 것이다. 이 철학의 주제는 종교성을 가진 것으로 인간의 영원하고 불변한 시적 담론인 존재 탐구에 대한 모습을 시를 통한 종교담론을 예술로 그려내고 있는 것이다.
 종교담론은 앞의 예시처럼 상징을 통해 드러낼 때 현실감과 생동감을 가지게 된다. 이것은 성경에서 예수님께서나 성경저자들이 즐겨 사용한 문학기법이다. 이처럼 상징이란 종교적 심오한 내용을 드러내는 표현방법상 가장 효과적인 방법의 하나다. 그래서 문학적 효율성의 면을 볼 때 종교담론에서는 당연히 우선적으로 상징어를 차용하게 된다.

성경에서 나타나는 집이라는 단어도 동일한 의미인 모습을 가진다. 예수님이 승천하실 때 우리를 위하여 준비하시려 가시는 목적도 거처할 처소, 곧 집인 것이다. 탕자인 인간이 회개하고 돌아갈 곳도 아버지의 집이다. 영원한 안식처이며, 인간이 궁극적으로 가야할 장소다.

이처럼 기독교에서 사용하는 종교적 전문용어가 아닌 일반 언어를 가지고 쉽고도 심오한 종교의 진리를 말하는 모습을 보면서 상징어의 특이한 언어 기능을 알게 된다. 예시처럼 짧은 시 한편에서 상상의 영역을 넓힐 수 있는 상징어를 사용한 시의 유용성을 발견하게 된다.

예시는 인간이 만들어 놓은 복합적인 결과이며 동시에 추구하여야 할 목적을 가지는 집이라는 시어에서 다의성과 암시성과 입체성을 가진다는 이론이 타당함을 가지는 것을 드러내 주는 작품이다. 또한 개인적인 상징어가 인류의 종교라는 제도 안에서 존재하는 원형심상과 같은 제도적 상징임도 확인하게 된다. 이런 시일수록 심오한 담론의 내용을 다루

는데 유익하다. 그래서 이 예시가 예술적인 높은 위치에 있음을 인정하게 된다.

(정재영 '원형 심상과 형상미')

〈자작시 시평 2〉

다시 시작하는 방랑

어느새 견고해진 내 마음이 성읍과 탑을 쌓고 있다
바벨탑 이야기를 읽다가 깨닫는 이 헛된 아집
나는 흩어진 힘과 잘린 언어들을 생각하며
사람의 것이 아닌 꿈을 반성한다
한 곳에 머물러 정착지로 방어하며 살아가려 했던
허망한 착각을 반성한다
유목의 삶이란 깃을 얻는 것이 아니라
깃을 버리는 것임을
잊혀진 어둠 속에서 마두금을 꺼내어 켠다
풀잎들을 쓰다듬는 바람 같은 음악
내일 채 동이 트기 전에
내 마음 다시 떠나리라, 말발굽을 울리며
새벽별이 유난히 밝아 보이는 미지의 땅으로

성읍과 교만한 탑을 허물고

저 근원의 신전을 찾아 가 밤새껏 눈물 젖어

신선했던 처음을 회복한 후

내 마음 다시 떠나리라, 비울 것 다 비운

가벼움으로

유목의 삶이란 참으로 안주할 수 있는

영원한 깃을 찾는 것임을

고이지 않는 마음 속의

영원한 깃을 찾는 것임을

객체의 아픔을 주체의 아픔으로 승화시키는 것이 시의 마력이다. 객체의 아픔을 역지사지(易地思之)하는 것도 소중한 일이지만, 주체의 아픔을 찾아 내어 새롭게 변성(變性)하는 것도 가치 있는 일이다. 누구에게나 내면의 미묘한 울림이 있게 마련이고, 이러한 울림에 귀를 기울이는 것이 시인의 진정성이기도 하다. 그런 의미에서 가진 것을 모두 버리고, 방랑의 길을 택하는 이철건의 작품은 특별한 의미를 시사한다.

유목의 삶이란 깃을 얻는 것이 아니라
깃을 버리는 것임을
잊혀진 어둠 속에서 마두금을 꺼내어 켠다
    _ 이철건 '다시 시작하는 방랑' 부분

그는 '어느 새 견고해진 내 마음이 성읍과 탑을 쌓고 있다'는 깨달음에서 출발하여 '허망한 착각'을 반성한다. 그리하여 몽골의 유목민들이 즐겨 연주하는 마두금, 즉 말의 여러 부분들로 만든 말머리 모양의 악기를 켜면서 새로운 세상을 찾고자 한다. 자신이 쌓아 올린 '성읍과 교만한 탑을 허물고' 말발굽을 울리며 '새벽별이 유난히 밝아 보이는 미지의 땅'으로 떠나고자 한다. 이는 현실 탈출의 염원일 수도 있으나, 다시 읽어보면 생동하는 내면을 노래한 것 같다. 그의 내면적 지향과 함께 문학적 수

사가 미묘하게 결합하여, 그의 작품은 시작부터 끝까지 긴장감을 풀지 못하게 하는 마력을 내포한다. 이러한 작품을 읽을 수 있어, 8월의 싱그러운 아침이 행복하다.

(월간문학, 시 월평, 리헌석)

〈자작시 시평 3〉

역정歷程의 노래

1
퍽 상쾌한 가을아침에
집 뜨락의 한 그루 무화과나무의 과일을 따네.
바구니 채우면서, 난 생각하네.
지나간 봄의 그 제대 후의
아련히 설레던 가슴을,
외국어의 황무지를 향한
진한 결의를,
그리고, 갈대 사이로 꽃처럼 웃으며
스쳐가던 그 미를,
여름은 지겨웠고, 또한 괴로웠고
또한 참으로 위대했던 것을,
모든 것은 엉클어지고 뒤틀리고 메말라 있었고

다만 목숨의 원천과 기도만이 남아
시간을 이끌어 갔던 것을,
가을은, 뜻 밖에도
여러 가지 기쁨을 내게 안겨 주었네.
바구니 채우면서, 난
가까운 내일의 빛과
훌쩍 큰 꼬마들과 말괄량이들 사이의
우정과 사랑의 둘레를 느끼며
시드니 포이치에처럼 까맣고도
하얗게 웃네.

2
채과採果 후,
돌아 와 쉬는 나의 방에
갑자기 찬바람이 스며드네.
낙엽이 지는 속에
호올로 치웁게 서서 견디어야 할 나무와 나의 고독과
과로가 준 이 몸의 병의 그늘,

남아 있는 막바지의 겨울시련,
허나 걱정하지 않네.
나를 잊는 즐거운 손짓하며
변함없이 그 미를 사랑하며
한결 둘레를 사랑하며,
시드니 포이치에처럼 까맣고도
하얗게 웃을 것이네.

이철건의 '역정의 노래'는 중후한 작품이다. 시단의 경향에 별로 눈치를 보지 않는 자기 스타일을 지니고 있다. 자서전적 신변적 소재를 무난히 처리하고 있지만 자칫 잘못하면 시가 너무 설명적으로 흘러 긴장을 잃을 우려가 없지 않다.
(김춘수 '전국 대학생 문예현상모집' 당선시 심사평)

〈자작시 시평 4〉

못

1
고적한 오랜 잠 끝에
녹슬은 못들이 일어선다
정기 어린 이 아침
그러나 꿈의 통나무는 아직도
실려오지 않고 있다

못들은 이내
쓸모 없는 욕구가 되어
스러져버린다

2
고정관념 하나가
툭하고 떨어진다

못이 구식틀의 무게를
감당하지 못했기 때문이다
수정된 관념을
단순한 디자인의 나무필통에 꽂는다

3
자정 넘어 그 누가
불면의 관에 못질하고 있는가
깊디 깊은 밤을
차디 찬 금속성으로 멍들게 하는가

4
이 세상 끝까지
성결한 피가 묻은 그 못을
간직하게 하소서
타고 난 죄 말고도
앙금처럼 가라앉은 나날의 죄까지

씻어지게 하소서

그래서 마지막 확신으로 물들어 떠나가는

노을이게 하소서

 당선작 '못(이철건)'은 신앙시로서 성취도가 높은 작품이다. 이철건 씨의 '못'과 '어떤 고백'은 작품의 전개과정은 상이하나 바탕에 깔고 있는 신앙적 진실성을 공통점으로 하고 있다. 상당수의 응모작품이 이러한 공통점을 지니고 있으나 시적변용의 차원에서 아쉬움을 남겼다면 그의 작품들은 이런 아쉬움을 극복했기 때문에 시적 성취도가 높다.

 '못'에서 못은 예수님이 십자가에 못박히신 사건의 물증으로서의 못이다. 기독교인이라면 누구나 마음 속에 이 못을 지니고 다닌다. 그것은 하나의 기호로 상징되거나 물표처럼 품에 지니기도 한다.

 '못'은 하나님의 공의의 세계에 도전한 인간 죄악

세력의 상징적 물증으로 의식된다. 비유가 흐름을 매끄럽지 못하게 끊는 점도 있으나 '그 누가/ 불면의 관에 못질하고 있는가'와 같은 구절은 특히 고난주간에 읽는 선자의 마음에 또 다시 예수님의 손바닥에 못을 박는 오늘의 나는 아닌가하는 경각심을 일깨워준다.

(이성교, 박이도 '제4회 기독신춘문예'당선작 심사평)

〈자작시 시평 5〉

풀씨의 꿈

떠나며 한숨짓는
까닭을 아신다면
바람처럼 오셔서 차라리
머물 곳 없는 강으로나
데려다주세요
이름 없는 들풀은
너무 초라해요
죄가 있다면
말씀으로 씻어내며
나래 젖은 모습으로
물 흐르듯 있겠어요
뿌리내리지 못하는
수도의 생이

없었던 듯 스러진다 해도
당신 속에 다시 태어 나
이름 있는 꽃이 된다면
그럴 수만 있다면

  이것은 이철건의 작품이다. 이것은 풀씨의 꿈을 통해서 하나의 인생을 상징하고 있다. 그 인생은 초라하고 애처롭지만 꿋꿋한 인생인 것이다. 그리고 이 작품은 어딘지 모르게 무엇인가를 생각하게 하는 그런 작품이다. 생짜의 서정이 아니고 지성으로 걸러진 감성의 세계가 전개되고 있으며 절제된 시어를 통하여 전면을 통하여 긴장미가 느껴진다.
 (월간문학, 시 월평, 조봉제 '생각하는 시'와 '노래하는 시')

〈자작시 시평 6〉

회양목

그 키 작은 관목은 가까이 다가 와
시야를 덮었고
그래서 난 관 체험을 하게 되었다
그 잠은
녹색 여울 같은 슬픔이었다

촉촉한 이별이 끝나면
오랫동안 가까워져 온 하늘로
긴 여행을 떠날 것이었다
알 수 없고 낯설지만
두렵지만은 않은 곳으로

이철건의 '회양목'은 특이한 발상으로 시적 모티브를 삼았다. 우거진 관목 속에 들어가서 동굴 속을 연상하고, 그것이 관 속의 체험으로 죽었다는 가정하에 '긴 여행을 떠날~' 것인데 그곳은 '알 수 없고 낯설지만 두렵지만은 않은 곳으로' 떠나 다니기를 꿈꾼다. 관목으로 이루어진 동굴 설화를 지어 내는 상상력이 구체화된 것이다.
　(박이도 '감상과 이해')

〈자작시 시평 7〉

내 마음의 아프리카

나는 왜 내 것이 아닌 슬픔을
그냥 지나치지 못하는 것일까요

4B연필로 그리다 만
쫓기는 약한 것의 질주를 보세요

붉은 물감으로 찍은 비명 하나
불쌍한 죽음의 뼈다귀가 비에 젖습니다
슬픔이 여기 저기
바오밥나무로 서 있습니다

바오밥나무들이 아프리카 아프리카
울고 있어요

유니세프가 보내 온 편지는

검은 눈물 속에 빛나는
하얀 치아 같아요

울지 마 톤즈는
잊혀지지 않는 울림입니다

슬픔이 내 마음을
아프리카 아프리카 적십니다

 이철건의 '내 마음의 아프리카'는 슬픈 이웃에 대한 시인의 감성이 울림을 준다. 그리고 '붉은 물감으로 찍은 비명 하나/불쌍한 죽음의 뼈다귀가 비에 젖습니다'라는 이미지, '바오밥나무들이 아프리카 아프리카 울고 있어요'라는 간결한 시어에 담긴 절실함이 깊은 인상을 남긴다.
 (시문학-신규호, 심상운, 김규화)

〈자작시 시평 8〉

거의 울음에 가까운

시간의 관절이 마모되고 있다
직립의 키가 낮아지고 있다
아내는 야윈 손으로
생활의 기장을 줄이고 있다
자정 넘어 아무도 모르게
집채가 내려앉는 소리를 듣는다
아주 천천히
납입고지서의 힘겨운 무게로
침몰하는 식탁
침몰하는 가구
침몰하는 길들인 이름들
날이 갈수록 더욱 짓눌리는 무릎에
슬픔이 고이고

찬바람이 스며든다

시린 달빛이 두보의 시가 되어

창문을 적신다

  거의 울음에 가까운'은 생활의 무게에 눌리는 시인의 현실이 두보의 시를 연상시킨다. 그러나 '침몰하는 식탁'이라는 사물화의 공간을 형성하고 있다는 것이 평가되었다.

  (시문학-신규호, 심상운, 김규화)

⟨자작시 시평 9⟩

겨울 소네트

작약 꽃의 저녁 강이
산그늘 속으로 저물어 갈 때
넌 기도원 별관으로 날 데리고 갔다
넌 내 마음을 읽어나갔고
내 시린 결핍의 고통을 마음 아파했다
생을 리셋하고 싶다는 내 말에
말간 우물 같은 네 눈이 젖었다
네 안의 어머니
내의처럼 따뜻했다
아침에 커피 잔을 들고 우리는
창가에 투명하게 마주 앉았다
창 너머로 산등성이가 말갈기 같았다
하얀 자작나무 숲이
더 이상 슬퍼 보이지 않았다

'겨울소네트'는 시인의 담담한 일상이 한 폭의 맑고 투명한 수채화의 언어로 그려져 있다. 의식의 투명성이 무한한 허공을 인식하게 한다. 그 정신적 공간에 개성적인 형이상의 건축을 기대해 본다.
 (시문학-신규호, 심상운, 김규화)

〈자작시 시평 10〉

우아한 소리를 내는 피아노가 가라앉는다
깊은 적막 속으로

못 쓰게 된 왼손이 울고 있는
저녁

피아노에 묶인 생각이 가라앉는다 하늘과 소통이 되지 않는
침묵 속으로

굳어버린 손가락이 떠다니는
슬픔

타락한 천사처럼 리비도의 광시곡을 쓸까
붉은 손목을 떨어뜨릴까

아, 그러나

어두워질수록 반짝이는 내 영혼

피아노를 버리겠어요

반음의 계절이 지나면
새로 시작할 수 있는 곳으로 떠나려고 한다
　　　　　　　　－이철건, 〈마법의 피아노〉 전문

　이철건 시인의 '마법의 피아노'는 피아노 연주자인 화자가 왼손 연주기능을 상실한 슬픔을 극복하는 과정을 피아노를 대하는 관점에서의 '극적 낯설게 하기'를 통해 보여준다. "깊은 적막 속으로" "우아한 소리를 내는 피아노가 가라앉는다"는 표현은 피아노 가까이 다가갈 수 없음을 모순어법으로 비틀어 표현한 것이다. 화자가 서두에 서술적 순서로 피아노를 연주할 수 없음을 말하지 못하고 "못 쓰게 된 왼손이 울고 있는/ 저녁"이라는 행간에서야 밝히는 것은 가수가 성대기능을 상실한 것에 비할

만큼, 연주할 수 없게 된 왼손기능의 상실이 아프게 다가온다.

"피아노에 묶인 생각이" "하늘과 소통이 되지않는/ 침묵 속으로" 가라앉는다는 표현은 마치 하늘과 침묵까지의 거리가 깊이를 알 수 없는 침묵의 정도까지의 거리만큼이나 가늠할 수 없고 다다를 수 없는 막막한 심사를 비틀어 표현한 것이다. 이제 화자는 "굳어버린 손가락이 떠다니는/ 슬픔"을 극복(탈출)해보려고 "타락한 천사처럼 리비도의 광시곡을 쓸까, 붉은 손목을 떨어뜨릴까, 몸부림치며 번민한다. 그러나 시의 결구는 마지막 낯설게 하기로 "아, 그러나/ 어두워질수록 반짝이는 내 영혼//피아노를 버리겠어요//반음의 계절이 지나면 새로 시작할 수 있는 곳으로 떠나려고 한다"는 반전으로 마쳐진다.

(시문학-김필영)

〈자작시 시평 11〉

별이 없는 저녁이다

배롱나무, 작년에 내게로 와서
고운 정 들여놓더니
서둘러 떠나버렸다

빈 채로 둔 저녁은
적요한 서늘함이다

문득 생각나는 어머니 기도의 눈물이
성수가 되어
내 슬픔을 적신다

한동안 안 보이던
다년생 나무들이 보인다
말씀의 행간에 숨어 있는 우물이 보인다

마르지 않는 물에
내 지친 뿌리를 내린다
　　　　　　　－이철건, 〈일 년 후〉 전문

　이 시는 정들었던 배롱나무를 상실한 화자가 다른 다년생 나무들로 인하여 공허한 마음을 다스린다는 의미구조를 지니고 있다. 화자는 애정을 가지고 기르던 배롱나무에 대한 상실감 때문에 암담하고 우울한 처지에 함몰되어 있다. 그리하여 그가 맞는 저녁은 "별이 없는" 상태로 인지된다. 삶의 의욕과 희망이 제거되어 상심한 마음은 별도 뜨지 않는 어둠의 공간인 것이다.

　2연은 화자가 상심한 원인을 제시하고 있다. 예컨대 화자는 "고운 정"을 들인 "배롱나무"의 소멸로 인하여 우울한 심경에 빠져 있다. 3연은 상실된 배롱나무로 인한 화자의 정서가 표출되어 있다. 즉 소멸된 배롱나무로 인한 허전한 마음은 "적요한 서늘함"의 정서를 환기하는 것이다. 배롱나무의 상실과 소멸이 주는 공허한 마음은 "적요"한 분위기와 "서늘함"이라는 차가운 감각으로 인지된다.

4연에서 화자는 상심한 마음의 위로를 받는다. 문득 떠오르는 "어머니의 기도의 눈물"이 "성수"로 전이되어 위안을 제공하는 것이다. 화자는 배롱나무의 상실로 인한 "슬픔"을 어머니의 자식을 향한 기도로 치유 받는다. 모성으로 슬픔을 치유한 화자는 5연에서 애정을 제공할 타자를 발견한다. 평소 배롱나무에 애정을 쏟던 화자가 등한시했던 "다년생 나무들"이 새롭게 부각되는 것이다. 나아가 화자는 "말씀의 행간에 숨어 있는 우물"까지 보게 된다. 이는 자식의 행복과 안녕을 기원하는 어머니의 기도 말씀으로 읽힌다. 화자는 그 어머니의 기도 말씀에 은닉해 있는 "우물", 즉 생물을 살아가게 하는 생명수를 감지해내는 것이다.

 마지막 연에서 화자는 어머니의 자식을 향한 염원의 생명수를 자신에게 투여함으로써 상실감을 치유한다. 어머니의 간절한 기도의 말씀은 영원히 "마르지 않는 물"로 작동한다. 이 시는 배롱나무의 소멸로 인한 공허한 정서를 어머니의 기도로 치유하고, 나아가 구원까지 받는 자아의 심경을 매우 서정적으로 표상하고 있다.

 (시문학-양병호)

자녀들의 말

 아버지는 고등학교 시절 시에 천재적인 재능을 보이셨다. 큰아버지는 그 재능을 귀히 여기셨고, 할아버지는 꾸짖으셨다고 한다. 문예반에 들어간 뒤 성적이 곤두박질치셨기 때문이다. 효심이셨을까, 아니면 객기이셨을까 아버지는 동아일보 신춘문예 최종심에 오른 것을 끝으로 펜을 내려놓으셨다.
 초등학생 시절 백일장 장원, 대학생 시절 김춘수 선생님의 심사로 전국대학생 문예 공모에 당선하셨던 이력은 오랜 세월 묵혀진 보물처럼 아버지의 마음 깊은 곳에 감추어져 있었다.
 어린 시절 나는 몰랐다. 어느 날부턴가 매일 밤 조용히 책상 앞에 앉아 원고지를 메우시던 아버지가 그 보물을 홀로 꺼내 보고 계셨다는 것을.
 쉰을 넘긴 나이에 교회 건축헌금을 마련하시겠다며 기독공보 신춘문예에 응모하신 시가 당선되었고, 그것을 시작으로 아버지는 다시금 시의 언어로 자기 세계를 노래하기 시작하셨다. 문예지 곳곳에 이름을 올

리시며 오랜 침묵 끝에 피어오른 시편들은 삶과 믿음, 사랑과 세월이 녹아든 작은 기도문과도 같았다.
 이제 정년을 마치고 교단을 내려오신 아버지께 오랜 시간 써오신 시들을 모아 보물 같은 시집으로 엮어 선물해 드리고 싶다.

2025년 여름

율, 진, 혜영

희미한 숲

이철건 시집

2025년 8월 15일 초판
지은이 이철건
펴낸이 임신희
디자인 박아람
펴낸곳 인사이트브리즈 출판사
출판등록 제396-2012-000142호 (2012년 08월 14일)
주소 경기도 고양시 덕양구 삼원로 83 광양프런티어밸리6차 1412
문의 010-7255-2437
전자우편 insightpub@naver.com
홈페이지 www.insightbriz.com

ISBN 979-11-86142-96-7 (03810)

책값은 책의 뒷표지에 있습니다.

*이 책은 저작권법에 따라 보호받는 저작물이므로 무단전재와 무단복제를 금합니다.

인사이트브리즈는 "생각을 불러일으키는 글"을 출판합니다.